LA VÉRITÉ

ONCLE ET NEVEU

ONCLE A NEVEU

Cher Neveu,

J'ai longtemps imposé silence à mon indignation, mais, devant la persistance de tes perfides accusations et de tes odieuses insinuations, je ne puis plus me taire : tes mensonges appellent la vérité, te la voilà. Pour te la dire, pour te peindre, j'ai des documents précieux, ils sont à ton dossier ; lorsque tu voudras les consulter, tu le pourras...

Ton père se maria avec ma sœur le 31 août 1841. Ce n'était pas lui qu'elle devait épouser, mais bien un autre médecin du même pays, M. X. de Saint-Vaulry ; il y eut, pour ainsi dire, au dernier moment, une substitution de personne (*voir* à cet égard trois lettres de la Selle-Dunoise).

En se présentant, ton père avait exagéré des trois quarts sa fortune. Ce mariage se fit sous de bien malheureux auspices ; mon père ne le voulait pas. La veille, M. Delor faisait verser par maladresse ma grand'mère, qui se blessait grièvement. Le jour du mariage fut triste et pesant : il y avait de l'orage dans le temps. Le lendemain, à Poitiers, 1er septembre, à l'hôtel des Trois-Piliers, il y eut entre ton père et son frère une scène épouvantable. J'étais présent, nous étions tous consternés ; ta tante Mme Frédéric, qui vit encore, pourra en témoigner.

Le 11 avril 1842, je tombe malade ; ton père fut mon médecin. Il me soigna selon son intérêt, disait-on : c'était faux, et bien faux, je le reconnais ; mais sa thérapeutique, il faut l'avouer, était bien dangereuse pour un être faible comme moi. Sangsues sur sangsues, sangsues au cou, à la tête, au ventre, au sacrum, à l'anus, sangsues partout, et jusqu'à quinze à la fois (*voir* une lettre de ta mère, 17 mai 1842). Ajoutez à cela vomitifs sur vomitifs, émétique sur émétique, et vous aurez une idée de la manière dont j'étais traité. Bientôt je fus réduit à n'être plus que l'ombre de moi-même, et l'opinion unanime était que j'étais fini. Le bruit s'en répandit, et ton père lui-même l'avait dit (*voir* aux pièces les consultations du médecin Maury et du docteur Benech, de Paris, ainsi que leur opinion).

Tu vins au monde le 8 février 1843 ; notre cousin Anatole de Blom, Mme de Boisgrolier te tinrent sur les fonts. Le 7 mars, ma malheureuse sœur, ta malheureuse mère, meurt, heureuse sans doute, et très-heureuse, de ne t'avoir pas connu. Le 29 du même mois, ton père se rend à Étables, exprès pour chercher querelle à son beau-père ; il le menace, l'injurie et lui prédit sa mort prochaine. Le même soir, de retour à Poitiers, il va chez ma grand'mère, âgée de 81 ans, rue du Gervis-Vert : il l'outrage, la violente, la laisse sans connaissance dans sa chambre et la renferme sous clef. Le récit de ce drame épouvantable, écrit en entier de la main de mon père, est deux fois annexé à ton dossier.

Mis en nourrice chez la femme Barthélemy, à Yversais, tu profitais bien. Déjà on pouvait reconnaître en toi les germes de cet entêtement et de cet égoïsme qui se sont tant développés depuis. Déjà, d'après le dire de ta nourrice, tu étais le maître de chez elle et un détestable petit tyran.

Je te vis à Étables, pour la première fois, le 14 mars 1844. Voici ce que je trouve, à ton sujet, sur mes notes de ce temps :

Jeudi 14 mars, la nourrice d'Émile, profitant de

l'absence de mon père, nous l'a amené. Pauvre enfant ! il semble déjà avoir l'intelligence des jeux de l'enfance. C'est ainsi que, présentant une baguette de coudrier à trois enfants un peu plus âgés que lui, il prenait plaisir à se laisser conduire par eux, tantôt dans une direction, tantôt dans une autre qu'ils semblaient commander. Ressemblant de figure à sa mère, puisse-t-il aussi lui ressembler par le cœur et par le caractère ! Ah ! si son père savait s'y prendre, s'il comprenait sa position et la nôtre, il agirait autrement, et nous pourrions prévoir pour son fils une autre destinée que celle qui fatalement lui sera réservée.

Dans tous ses rapports avec nous, ma mère et moi, ton père n'avait qu'un but : nous compromettre auprès de ton grand-père ; il croyait que son intérêt y était engagé ; il n'eut pas de peine à le faire, car malheureusement nous étions trop portés à nous mettre de son côté, et ma conduite, dans ces temps, est précisément ce qui me cause le plus de regrets aujourd'hui. Dans les lettres ci-jointes, et principalement dans celles de ton père du 28 septembre 1844 et dans les miennes des 26 et 29 septembre même année, tu trouveras le récit des manœuvres employées par lui et les discussions orageuses qui s'ensuivirent ; j'y joins aussi d'autres lettres qui te prouveront de la manière la plus évidente que j'ai toujours été pour toi ce que tu ne méritais guère que je fusse, et que j'ai toujours prévu ce qui est arrivé, moins cependant ton ingratitude et ta conduite d'aujourd'hui (lettres de moi à MM. de Blom et de Montjon et une lettre confidentielle à ta bonne maman).

Au sortir de nourrice, tu fus demeurer à Dun. Sous les yeux de ton père, ton éducation commença. Rien de saillant chez toi ; tu étais comme presque tous les enfants, ayant cependant moins qu'eux l'expansion et la franchise inhérentes à leur âge. A l'école communale, tu apprenais assez bien ; à Guéret, pas trop mal, mais, à Paris, beaucoup moins bien. Tu grandissais, ton caractère se formait, on pouvait te juger, et tu portais déjà les boutons des fleurs et des fruits d'aujourd'hui : jaloux, volontaire, entêté, capricieux, taciturne, sournois, paresseux, disaient toutes les notes de tes maîtres, les dires de tes parents et les lettres de ton père. On ne sait jamais ce qu'il pense, disaient les uns ; il vous regarde toujours en dessous, disaient les autres ; et l'auteur de tes jours, qui devait mieux te connaître qu'un autre, ajoutait : *Émile, mon cher fils, c'est la dissimulation et l'égoïsme par excellence* (voir ses lettres des 20 mai 1860 et 17 janvier 1862). Ne voulant rien faire à Paris, ton père fut obligé de te rappeler près de lui ; lis ses motifs dans sa lettre également du 20 mai 1860, et il ne te sera plus possible de prétendre que c'est la position gênée de ton père qui t'a empêché de recevoir l'instruction qui te manque : *Passons maintenant à Émile, mon cher fils qui fait ses humanités à Dun. Ce cher enfant ne voulait rien faire à Paris. Se croyant très-riche, il ne voulait faire que beaucoup de dépenses, en sorte que d'ici deux ou trois ans j'aurais été obligé de faire banqueroute pour y satisfaire. J'ai donc été obligé d'y mettre opposition. Quand il sera las de paresse, il se décidera peut-être à travailler : il faut bien qu'il se décide à apprendre à gagner sa vie. Savez-vous qu'il est paresseux outré, qu'il ne veut absolument que lire des romans! Il a abusé de ma confiance, etc.* Et c'est à cause de l'infériorité de ton instruction comparée à la mienne que tu as eu l'absurdité de me demander comme compensation un retour en argent! Pauvre idiot, être ignorant et sot, te voilà à l'âge de puberté : vive l'amour, vive le plaisir. On ne peut plus te retenir; tu deviens pilier de café, fumeur de cigarettes, liseur de romans, coureur de filles, séducteur de femmes mariées, commerçant en librairie disait-on (*voir* une lettre de ton père à la date du 5 juillet 1862); puis, menant de front la politique et l'amour, te voilà courtier d'élections rouges, déchireur d'affiches blanches, et finalement recevant des coups de pied dans le derrière, de la part de ton oncle Martial que tu appelais le réactionnaire. Tu étais pour ta famille une honte, et pour ton pays un scandale : on dut t'éloigner, et, le 3 octobre 1863, si j'ai bonne mémoire, malgré toi, on t'embarque pour Paris. Ou la boutique dans laquelle tu fus mis n'était pas bonne, ou tu n'étais pas bon pour la boutique; car, peu de mois après, tu étais en rupture de ban. De retour à Dun, tu y recommenças la même vie, faisant les mêmes exploits et obtenant les mêmes triomphes et les mêmes résultats. C'était on ne peut plus glorieux pour toi.

Mais passons, passons et hâtons-nous d'arriver à tes amours légitimes, à ton mariage; c'est là qu'il faut te voir manœuvrer pour bien te juger. Hélas ! pitié, misère, comédie, bouffonnerie, et encore c'est malheureusement des deux côtés, dois-je ajouter. Tu aimes et tu n'aimes plus, tu ne sais pas si tu aimes, tu veux et tu ne veux plus, tu demandes et tu te rétractes, pour redemander et pour de nouveau te rétracter. Chaque jour, après déjeuner, tu vas consulter ta raison dans les bois et ton cœur derrière un buisson; tu nous fais écrire pour te faire agréer, et récrire pour te faire refuser; puis, lorsque tout semble rompu, tu te ravises, tu copies, sans en changer un mot, une déclaration d'amour, une demande, une promesse de mariage, puis, plein d'orgueil et de joie à ta future, tu l'envoies (*voir* l'original aux pièces). De ce moment, ton étoile brilla au ciel de tout son éclat, et, malgré toi, ta destinée fut irrévocablement fixée : au lieu d'un fou, on te prit pour un phénix, pour un sage ; on s'enthousiasma de ta lettre et on s'entortilla le cœur de toi ; tu parus plus riche et plus spirituel que jamais, et on jura qu'il fallait, à tout prix, avoir pour mari un homme qui avait tant de fortune et tant d'esprit. Pour réussir, on fit jouer à l'Orangerie tous les ressorts. On n'épargna rien : aveux brûlants, confidences indiscrètes, intervention d'étrangers, ruses de mère, ruses de petite fille, tout fut mis en mouvement (*voir* aux pièces) ; on alla même, pardon de le dire, jusqu'à demander quand devaient mourir les grands parents (*voir* ma lettre du 1er juin, celles de Mlle et de Mme de Germond du 5 juin 1869). Pour ne pas rester en arrière, et pour t'imiter, la belle Esther, ta douce fiancée, voulut elle aussi faire une belle lettre qui pût t'être montrée. Tu avais, toi, copié entièrement la tienne : elle, elle ne prit dans les livres que la moitié de la sienne ; mais avec cette moitié elle sut faire un tout on ne peut plus ridicule, on ne peut plus comique (ci-jointe cette fameuse lettre, où il est dit que le cœur de la France ne bat pas dans sa poitrine).

Enfin, après deux ans de pourparlers, d'acceptations et de refus, de réacceptations et de refus, tu te marias définitivement, au mois de septembre 1870. Pour t'y contraindre, il ne te fallut rien moins que la peur de l'armée prussienne, et sans elle tu n'aurais jamais pris femme. Devenu mari et père, je ne sais pas grand'chose de ton intérieur, de ton intimité ; tu fais bonne garde, dit-on, autour de chez toi. Si j'en voulais croire certains on-dit, il pourrait bien y avoir de la jalousie là-dedans. On entend quelquefois chez toi des paroles sonores et des jurements ; on parle surtout d'un orage de soir et de nuit où vous vouliez faire partir de force votre mère qui vous importunait et dont vous n'aviez plus besoin : le bruit en est venu jusqu'à moi ; vous fêtiez alors le 24 août, la Saint-Barthélemy. On dit encore qu'au sujet de la politique, mari et femme vous vous entendez fort mal, que vous vous dites de gros mots, que vous êtes bonnet rouge et bonnet blanc, et que ton plus grand bonheur est de lui chanter le *Ça ira, les aristocrates à la lanterne.* Quant à tes rapports extérieurs, tous les jours j'en apprends plus que je n'en voudrais savoir, et, pour ne citer que deux faits et deux noms, M. de Vasson, pour une inconvenance de chasse, M. Benaizet, pour une lacération d'affiches qu'il avait eu l'audace de faire placarder à Pleincourault, les plus indulgents te prennent pour une bête, pour un fou ; les plus avisés et les mieux instruits, pour un fourbe et pour un méchant. Pour moi, je crois que tu es tout à la fois bête et fou, faux et méchant.

J'arrive maintenant à la mort de mon père.

Le 26 novembre 1869, mon père meurt. Quelques jours avant de mourir, il m'avait remis mes billets pour argent prêté, qui se montaient à 7,300 fr. et dont j'ai fait le rapport, tout son argent, ses autres valeurs, également rapportés par moi, et une indication par écrit pour trouver d'autres sommes à Poitiers. En me remettant le tout, il me faisait promettre et jurer, par trois fois, de n'en jamais faire profiter d'autres que moi et mes enfants, ajoutant que s'il croyait que MM. Delor qui lui avaient fait tant de mal en eussent la moindre partie, qu'il donnerait le tout à des étrangers ; que c'était sa dernière volonté, et que Dieu me punirait si je ne l'exécutais pas. J'ai été parjure, je lui ai désobéi, et Dieu m'a puni comme il l'avait dit. Ce fut malgré lui que je remis dans sa malle tout ce qu'il m'avait donné, mais il me fit promettre et jurer de nouveau de ne jamais le laisser mourir sans tout en retirer ; telles étaient à cet égard la fixité de ses idées et la ténacité de sa volonté, qu'une heure avant de perdre connaissance il me faisait les mêmes recommandations et me donnait les mêmes instructions; puis, l'heure suprême arrivée, et se reconnaissant encore, il relevait brusquement la tête et me disait précipitamment : « Va, va, il en est temps, prends, prends; » et, la parole lui manquant, il me faisait encore signe avec la main de prendre, de saisir. Il y avait quatre témoins.

Le 27, MM. Delor père et fils arrivent à Lhorté ; le premier fut inconvenant et odieux, puisqu'il faut bien le dire ; son fils se tint mieux : à part une douleur feinte et un semblant de tremblement nerveux qui ne nous donnèrent pas le change, il fut convenable. Dans la nuit, M. Delor père fut malade : il n'avait pas été assez sobre à table. Le lendemain, quoique guéri, il ne voulut pas assister à l'enterrement. Le 28, il m'interpelle sur les questions d'intérêt. Je lui dis tout ce qui s'était passé, tout ce qui était et tout ce que je comptais faire : renoncer, si je le pouvais, au testament de mon père fait au profit de mes enfants, rapporter Laumone qui avait été acheté en mon nom, partager le tout avec son fils et n'avoir rien de la succession de mon père de plus que lui. Il approuva, mais prétendit que cela ne suffisait pas; que je devais renoncer à mon contrat de mariage; que ni mon père ni ma mère n'avaient le droit de me doter d'une propriété tandis que lui n'avait qu'un usufruit, et que, par conséquent, mon contrat était nul et de toute nullité. Je ne pus jamais lui faire comprendre le contraire; il s'emporta, selon son habitude, et il y eut entre nous un assez fort orage. Il est vrai que dans ce moment j'étais mieux disposé qu'aujourd'hui et que j'offris à M. Delor fils de lui faire compte de la différence de la dot qui existait entre celle de sa mère et la mienne. Celui-ci refusa énergiquement, se déclara contre son père pour moi, et me dit en m'embrassant : « Non, non, jamais! tu fais bien assez pour moi. » Et la chose en resta là.

Par ignorance et par fausse interprétation du contrat de mariage de ma mère, et aussi parce qu'elle le voulut bien, pour le règlement de nos affaires nous convînmes de ne faire rentrer dans la communauté que les deniers comptants, que les créances chirographaires, que les intérêts et les fermages dus. J'eus pour ma part, d'après une note que je dois croire exacte, 10,080 fr. M. Delor dut en avoir autant, et ma mère le double. Je pris ma part en argent pour payer mon acquisition de la Charpentrie. Ma mère prit mes billets, 7,300 fr. : billet x, 2,000 fr.; billet x, 2,000 fr., et le reste en argent; M. Delor : billet x, 5,000 fr.; billet x, 4,000 fr., et le reste en argent. Nous laissâmes de côté les créances douteuses x, b, p, et le reste de la succession se partagea comme suit : à ma mère, la créance x, pour la remplir de sa dot, et 1,000 fr. pour son deuil sur Guérin ; à M. Delor, la Petite-Vacherie et les bois de Saint-Benoît ; à moi, comme l'équivalent, Laumone, déjà à moi, 5 hectares à la Renommée et la créance Le Beau du Poiron ; à M. Delor, les maisons de Poitiers, rue du Gervis-Vert et rue Saint-Michel ; à moi la maison rue de l'Industrie, sur laquelle ma mère prenait son usufruit, et 3,000 fr. à prendre sur Marit ; puis la garenne d'Anthenet, Pleincourault, les rentes et les autres créances, par moitié. La part de M. Delor valait beaucoup mieux que la mienne, lui-même en convenait ; la preuve n'est pas difficile à faire : rien que pour les maisons de Poitiers, l'écart pour le revenu à son profit était de plus du quart, et près du tiers pour le reste (*voir* aux pièces justificatives le revenu détaillé de chacun et l'aveu de M. Delor écrit par lui-même). Depuis, ah ! depuis, femme a passé par là, et, sur son avis, il s'est posé en victime. Pour égarer l'opinion publique sur mon compte, il a eu l'audace et la perfidie de dire qu'il avait été trompé, que je l'avais indignement volé. Pour le faire taire, je n'avais qu'une seule chose à faire, et c'est ce que j'ai fait : lui proposer d'échanger nos lots, de prendre sa portion et de lui donner la mienne. Sa réponse a été qu'il n'était pas assez bête (*voir*, au surplus, aux pièces ma proposition et son refus par M. Hillairet, notaire). Après nos partages, et surtout après son mariage, M. Delor se refroidit singulièrement; ses manières changèrent pour moi : il cherchait à m'éviter, — je lui pesais, c'était évident, — on eût dit qu'il n'osait me regarder en face ; son front semblait s'abaisser sur ses yeux lorsque son regard se tournait vers moi. Dans son cœur il y avait un orage dont les nuages se réfléchissaient sur son visage ; j'étais douloureusement affecté. Je ne pus m'empêcher de lui dire mon doute à son égard et mon chagrin. Il fit son bon apôtre, son patelin, prit un air doucereux, un ton mielleux, me sauta au cou, m'appela son bon oncle, son très-cher oncle, me parla en termes sévères de *sa belle-mère* et me dit encore une fois son « Non, non, jamais ! » Comme un sot, je m'y laissai prendre ; il n'en fut pas de même de ma malheureuse mère qui, plus clairvoyante et mieux instruite sans doute que moi, ne cessait de me répéter qu'Émile n'était pas franc, que je devais me garder; qu'elle avait été menacée, que je l'étais, et qu'après elle on me chercherait bien des querelles. Voyait-elle par intuition, ou bien sa prédiction provenait-elle d'une explication qu'elle avait eue avec M. Delor? je ne sais, mais toujours est-il qu'elle ne cessait de me dire qu'ils étaient jaloux, faux, ingrats et avides, et qu'ils me le feraient bien voir.

Le dimanche 19 novembre, ma mère tombe malade. M. Delor fut d'une insouciance et d'une insensibilité épouvantables ; il resta pendant près de quatre mois sans venir voir sa bonne maman. Je fus obligé, sur ses instances, de lui écrire pour lui demander la raison de son indifférence. Sa réponse et ses excuses furent pitoyables : il n'avait pu, il attendait du mieux, il en espérait. Ce fut alors que ma mère prononça ces paroles que j'ai fait transmettre à M. Delor lors d'une odieuse demande de de sa part, et qui devraient brûler son cœur et sa conscience, s'il avait cœur et conscience.

La position de ma malheureuse mère devint très-grave. Je lui écrivis le 4 août pour venir faire ses adieux à sa bonne maman. Il arrive le 6, et, devant elle, près d'elle, la touchant presque, le malheureux, il fait la scène la plus monstrueuse qui se puisse faire pour un rien, pour une goutte de son café qu'involontairement on avait fait tomber en le lui présentant.

Le soir, en arrivant à Pleincourault, il ne manqua pas de dire à qui voulait l'entendre, que sa bonne maman ne passerait pas la nuit ; elle vécut cependant jusqu'au 8 au soir. Le 9, on fut le chercher ; il était à la foire. Il fit le surpris, l'étonné, disant qu'il était bien loin de s'y attendre.

Le 10 seulement, il vint à Lhorté. Il entre : que

vois-je, mon Dieu ! je n'ose le dire ; mais la lumière se faisait, un éclair avait jailli de ses yeux, son visage en avait été éclairé, et son âme m'apparut sous son masque. J'eus une commotion au cœur ; je quittai le salon et je dis à ma femme et à mes enfants : Faux, faux, Émile est faux, je viens de le voir à découvert.

Quelques jours après la mort de ma malheureuse mère, je voulus parler d'intérêt avec M. Delor. Il me répondit très-brusquement et très-brutalement que je l'importunais.

A voir son air sombre et embarrassé, ses yeux hagards et fuyants, on eût dit qu'il ruminait une mauvaise affaire dans sa tête. C'était vrai ; j'arrivai cependant, peu à peu, à lui exposer toutes nos affaires. Il parut mieux instruit que je ne croyais, et me dit sèchement qu'il voulait ses droits, tous ses droits, et rien que ses droits. La première question que nous abordâmes fut celle des dons faits à ma fille par sa bonne maman, pour petits cadeaux et frais d'entretien. Nous n'eûmes pas de peine à nous entendre : je voulais bien rendre, et lui était impatient de prendre. Nous convînmes de suite pour 3,000 fr., soit pour lui 1,500 fr. Le reste ne marcha pas aussi bien ; je ne pus jamais avoir une réponse satisfaisante. Ce n'étaient de sa part que des soupirs, des horripilations, des froncements de sourcils et des contractions des rides de son front. Enfin, abordant la question des testaments, je lui dis franchement que je ne voulais pas m'en prévaloir ; que s'il voulait faire des arrangements, des échanges, que nous n'en parlerions pas : positivement mon intention n'était pas d'en profiter. Je voulais lui vendre, pour sa plus grande commodité, la moitié du Fretichoux, qui, pour rendre mon lot égal au sien, m'était donné en entier, et lui payer ou lui échanger l'autre moitié dont je ne pouvais me passer. Mais à toutes mes demandes, à toutes mes propositions, il ne répondait que par un gros grognement de mécontentement. Impatienté, je lui dis à la fin : « Mais parleras-tu ? parle donc ! » Il parla cette fois et me dit lentement, en mesurant tous ses termes : « Puisqu'il y a des testaments, fais-en enregistrer un ; tu ne peux avoir le choix : que ce soit le dernier en date, il nous tiendra lieu d'acte de partage ; ce sera autant de gagné. » C'était aussi mon avis, et c'est ce que je fis.

Le testament de ma mère était, à proprement parler, un véritable acte de partage, qui avait égalisé autant que possible les lots, mais qui laissait cependant encore à M. Delor un revenu cadastral supérieur au mien (*voir* aux pièces justificatives les anciens partages de la propriété de Lhorté, les estimations récentes, les fermages des deux lots et le revenu cadastral de chacun). Tout l'immobilier se trouvant réglé, il n'y avait plus à partager que quelques meubles meublants et les créances ; nous convînmes de le faire amiablement, et, le 1er décembre 1873, nous nous réunissions à cet effet. Tout marcha d'abord passablement : M. Delor chiffrait bien d'une manière extraordinaire, mais, tout en le remarquant, je ne m'en inquiétais point. Tout étant convenu et réglé comme il devait l'être, et comme il le sera toujours, il se leva brusquement, se rassit subitement, se releva précipitamment, et, m'apostrophant sans oser me regarder : « — Que sont donc devenues, dit-il en tremblant, les sommes que devait avoir ma bonne maman ; nous avons eu chacun 10,000 fr., elle doit en avoir eu le double, c'est-à-dire 20,000 ; que sont-elles devenues ? qu'en a-t-elle fait ? qu'en as-tu fait ? dis-le-moi. » C'était un coup droit auquel je ne m'attendais pas. Il me frappa au cœur ; je pâlis, et je lui dis seulement : « — Malheureux enfant, perfide enfant, mais tu viens toi-même, à l'instant, d'en reconnaître la plus grande partie ; lis ce que tu as écrit. » Puis, me remettant peu à peu, je lui répondis ce que je devais lui répondre (*voir* chez M. Hillairet, à Saint-Savin, ma réponse, mes explications, et l'état que j'ai produit). Il était dix heures du soir, je sortis, et lui fut se mettre au lit.

Le lendemain, en le voyant pâle et défait, je le crus repentant; je me sentis pris de pitié pour lui, je lui pardonnai, et, lui tendant la main, je lui dis que je lui remettrai encore l'équivalent de la pièce du Fretichoux, cause sans doute de son chagrin et de ses injustices contre moi. Il parut ravi. Alors eut lieu entre nous l'échange d'une partie de la Bezocherie contre une partie de Laumone, dont le projet est encore chez le notaire. Je donnais véritablement plus de douze hectares contre moins de quatre, qualité égale. Nous allâmes sur les lieux et examinâmes toutes choses. Je fis venir le métayer, qui donna toutes les explications nécessaires sur la nature, la bonté, la différence et l'aptitude des terres. En échangeant avec moi, M. Delor sortait de l'impasse dans laquelle il se trouvait renfermé, enserré de tous les côtés; par moi il se dégageait entièrement. Ses deux domaines n'en faisaient plus qu'un, sans mélange aucun, sans solution de continuité aucune. Il paraissait enchanté : il me sauta au cou, me remercia, embrassa avec effusion sa tante, me dit d'écrire au notaire, de tout préparer pour l'acte d'échange, me promettant de revenir le samedi 6, de bonne heure. Mais le 6 il ne vint pas; il me fit dire que ce serait pour le mardi 9, puis pour le 13, puis pour le 16, puis que ce serait pour plus tard, puis qu'il ne savait plus quand ce serait.

Comme il avait tout à gagner, et que tout l'avantage était de son côté, il ne me vint même pas à la pensée qu'il pourrait se désister ; mais je comptais sans son mauvais génie, sans sa femme, la conseillère et l'exécutrice de toutes choses. Cependant, ayant appris qu'il se disait malade et qu'il ne l'était pas, je fus aux informations, et voici ce que j'appris. Si ce n'était pas aussi pitoyable, ce serait bien comique, bien pittoresque, bien burlesque, et digne d'être mis en comédie.

Le 5 décembre, M. Delor voulait encore ; il avait même chargé ce jour-là le sieur Gatefait, charpentier entrepreneur, de faire l'estimation des bâtiments échangés. Le 6, il voulait, mais moins fortement ; le 7, il n'y était plus. Mme Delor l'emportait. C'était un dimanche ; il y avait revirement complet. Ce jour-là on ne fut pas à la messe. Sur le midi, il y eut grand conseil à Pleincourault ; on y avait fait venir en toute hâte Jean Testé, le métayer de la Tourlandrie, le favori par excellence. Mme Delor, Caquet-Bon-Bec, comme on l'appelle chez elle, présidait ; M. Delor l'assistait, et Jean Testé rapportait. La discussion fut longue et orageuse, car le cas était grave. Mme Delor était furieuse, M. Delor taciturne et sombre, et Jean Testé n'était ni l'un ni l'autre. Madame disait que son mari était un grand benêt, qui s'était fait...

mettre dedans par son oncle ; que celui-ci était un voleur et un trompeur ; qu'il fallait le dénoncer. Monsieur ne disait pas non, et Jean Testé, pour ne pas se compromettre, disait oui et non. La présidente, surtout, était très-animée : ses cheveux à chaque instant se détachaient, et elle était, selon le dire d'un spectateur, comme une furie, comme une enragée. Elle gesticulait, menaçait, pleurait, injuriait, s'adressait à Dieu, aux hommes, à la Vierge, aux saints, à Testé et à son mari. Celui-ci, pour la faire taire, l'embrassait, et Jean Testé, pour la calmer, ne cessait de répéter : « — Non, notre dame ; oui, notre monsieur ; oui, notre dame ; non, notre monsieur. » Après deux heures de séance, on n'avait pu parvenir à s'entendre, et on n'y serait jamais arrivé sans le judicieux Testé, qui fut cette fois bien inspiré : il opina qu'il fallait purement et simplement se désister ; que là où le notaire n'avait pas passé, il n'y avait rien de fait. L'avis fut trouvé excellent ; on cria : Bravo ! Les honneurs de la séance lui furent accordés, et, à l'unanimité, on le proclama le sauveur de la Bezocherie, de Pleincourault, des Delor père, mère, fils, beau-père, belle-mère, et de tous les Delor faits et à faire.

M. Delor ne vint à Lhorté que le 11 janvier suivant. En m'apercevant, il fit une vilaine grimace, que je pus voir à travers sa moustache. Il m'aborda timidement, faisant cependant de son mieux pour paraître doucereux. Il m'appela encore son oncle; mais de nos affaires, pas le moindre mot. Je dus l'interpeller à ce sujet : il me répondit avec hésitation moitié oui, moitié non ; qu'il verrait, qu'il voudrait toujours, que rien ne pressait ; mais que dans l'échange il me donnait un pré, que je ne lui en donnais pas, qu'il pourrait bien se faire qu'il m'en demanderait, que mes bâtiments avaient été estimés plus que les siens, tandis que lui il croyait que les miens ne valaient pas les siens; que si je voulais, il faudrait... Je ne le laissai pas achever ; je lui dis qu'il fallait de la franchise, que je savais tout ce qui s'était passé, et que volontiers je lui rendais sa liberté. Il balbutia quelques mots, me tourna le dos et s'en alla. Je le rappelai, et je lui dis que notre échange manqué ne pouvait empêcher notre partage de se faire, que je le voulais à bref délai, et qu'au besoin je le provoquerais. Il me répondit qu'il était prêt. Nous repassâmes tout ce qui avait été précédemment convenu. Il affirma de nouveau nos conventions, et me chargea d'écrire au notaire pour faire son acte. Je fus assez bon pour le croire. J'écrivis à M. Hillairet ; celui-ci écrivit à M. Delor, lui soumit les conventions, en reçut approbation, puis désapprobation. Lorsque son acte fut fait, ce dernier ne refusait cependant pas encore absolument, mais il voulait plus faiblement, demandant des réserves, des restrictions. Les réserves accordées, il en demandait d'autres, puis d'autres ; puis il ne voulait plus que la moitié de ce qu'il voulait ; puis enfin, estimant que le présent lui importait peu, il prétendait ne devoir régler que le passé, qui était réglé, et l'avenir, qui n'était plus à régler (*voir* sa lettre du 26 février 1874, *voir* aussi celle de M. Hillairet du 28).

Ce fut alors que se produisirent dans toute leur intensité ses ridicules théories, ses absurdes prétentions, ses demandes en rapports, en dommages-intérêts, en indemnités, pour sa mauvaise éducation et pour son manque d'instruction, ses lâches insinuations, ses perfides accusations, ses faux raisonnements et toutes ses absurdités, faisant découler de la mort de son grand-père et de ma cohabitation avec ma mère l'incapacité de cette dernière ; prétendant que depuis son veuvage celle-ci n'avait pu ni posséder, ni administrer, ni consommer ; *qu'elle était comme si elle n'était pas*, que j'étais responsable de tous ses actes, que j'avais des comptes à lui rendre, une pension de quatre années à lui payer pour le dédommager de ce que sa grand'mère avait dépensé. On ne put jamais lui faire entendre le contraire. Il formula ses demandes, fit son compte, établit des dates imaginaires, posa ses chiffres, qui se contredisaient eux-mêmes, et qui prouvaient dix fois ses mensonges par lui-même (*voir* aux pièces son compte de 1874, écrit de sa main; *voir* aussi celui de 1869, écrit également par lui).

Entre temps, M. Delor tombe malade. De son lit, il me fait écrire pour me demander à traiter. Je réponds que je ne crois pas à sa sincérité, que guéri il voudra autrement que malade. Je ne me trompais point. C'est alors qu'apparut pour la première fois son conseiller, son patron, M. D... Avec lui, les choses auraient dû s'améliorer; elles ne firent, au contraire, que s'aggraver. Les conseils qu'il donnait n'étaient pas bons, je m'en aperçus bien. Son premier acte d'intervention fut cette lettre, cette fameuse lettre où il parlait de M. Delor, devenu marchand de faïences et trop chargé de vaisselle, de l'épée de Damoclès suspendue en l'air, de ma responsabilité, de mon influence, de mon oppression, des droits de son client, de sa révolte légitime contre moi, de ci, de là et de tout ce qui n'était pas ça. C'était le bouquet; j'aurais dû en rester là. Je voulus bien cependant aller plus loin. Je fis proposer de nouveau un arbitrage : il fut cette fois formellement accepté, et verbalement et par écrit, par M. Delor et par son patron; mais le lendemain, malgré cette double acceptation, ils le repoussaient, prétendant que mon influence était grande, qu'ils seraient infailliblement condamnés, et qu'ils ne voulaient pas l'être ; qu'ils n'accepteraient pour arbitres que des jurisconsultes de Paris pouvant se prononcer contre le droit lui-même (*voir* la lettre de M. Hillairet du 5 juin 1874).

Puis vint de leur part cette monstrueuse sommation d'avoir à reconnaître avoir reçu de M. Delor 24,000 fr., sans les avoir reçus. C'était, pour le coup, trop fort. J'envoyai promener tout ce monde, et je fis ce que j'aurais dû faire depuis longtemps, enregistrer le testament de mon père, qui faisait à mes enfants un legs de 40,000 fr., que M. Delor retient encore.

A partir du 5 juin, je n'entendis plus parler de M. Delor. Pendant quelques jours, il se tint coi ; mais ce n'était qu'une halte pour reprendre haleine, et il n'était entré dans l'ombre et dans le silence que pour ourdir de nouveaux complots contre moi. Après la mort de ma malheureuse mère, notre communauté de Laumone et de la Bezocherie avait toujours continué ; je n'avais jamais pu arriver, malgré mes demandes réitérées, à la faire cesser. Lorsque j'en parlais à M. Delor, il me renvoyait toujours aux calendes suivantes. En attendant, il la reconnaissait et la pratiquait, partageant avec moi tous les fruits communs, et me tenant exactement compte de la moitié des ventes et des profits. Mais ne voilà-t-il pas que tout à coup, sans motifs, sans raisons, il déclara qu'il ne la reconnaissait plus, qu'elle n'avait jamais pu ni dû exister; que tout ce que je disais était mensonge, que tout ce qu'il avait fait lui-même pour la prouver était faux; que là où le notaire n'avait pas passé, il n'y avait pas de vérité; que je n'avais pas d'acte à produire, que tout était à lui et que je n'aurais rien. Parole d'honneur, je crus qu'il était devenu fou, et c'est alors que j'écrivis à un médecin aliéniste, qui me donna l'explication et la consultation ci-jointes. L'aliéniste se trompait. Non, mon cher neveu n'était pas fou, il n'était qu'avide, et voulait avoir ce qui n'était pas à lui : voilà tout.

Les actes devaient suivre de près les paroles, et dès le lendemain il voulait faire enlever, malgré moi, ma moitié de laine et de grains. Je me regembai cette fois et je repris par force mon bien. M. Delor ne dit mot, ou, s'il parla, je ne le sus pas. Mais, quinze jours après, toute la nichée de Pleincourault était à Lhorté, le père, la mère, le fils et la chambrière : il s'agissait de faire tondre les agneaux communs et d'enlever leurs toisons sans les partager. Cette fois la partie n'était pas égale : que pouvais-je faire contre quatre! Je me tins prudemment à l'écart, et le rapt se fit sans opposition de ma part. Ce fut alors que Mme Delor, rayonnante, monta sur le fumier de la Bezocherie et fit l'oraison funèbre de la communauté, bien enterrée cette fois faute de papiers en règle, et le soir on retournait triomphalement à Pleincourault avec les toisons de mes agneaux. A les voir, on eût dit le retour triomphal de l'expédition des Argonautes, moins la richesse du butin, moins aussi l'importance des personnages.

Après cet exploit, M. Delor se reposa, il dormait sur ses lauriers ; paix et silence pour moi jusqu'au 3 juillet. Ce jour-là, à mon grand étonnement, je reçus une lettre de M. Hillairet, notaire, qui me disait que M. Delor me faisait demander si je voulais traiter et quelles seraient mes conditions. C'était se mettre à ma discrétion. Cette attitude suppliante me désarma ; je me fis illusion. Croyant à un retour sincère, je fis retenir une lettre à mon avoué qui prescrivait la marche en avant, et je répondis que mes conditions seraient toujours les mêmes, que ce seraient toujours celles que nous avions arrêtées ensemble le 1er décembre 1873, que M. Delor avait voulues et qu'il n'avait plus voulues ; que, pour ne pas le relever de son aplatissement, je ne lui retirerais rien de tout ce que je lui avais concédé, qu'il aurait toujours ses 1,500 fr. pour retour des dons faits à ma fille par sa bonne maman ; que l'affaire Bardoux se réglerait à son avantage, comme je le lui avais autrefois proposé ; que je reconnaîtrais toujours devoir à la succession de ma mère les 6,400 fr. qu'elle m'avait donnés ; que je lui donnerais toujours 100 fr. d'étrennes (je dis étrennes parce que ce fut un don gratuit de ma part, puisque M. Delor refusa d'appliquer cette somme aux choses qu'elle devait payer et qu'il me les fit payer deux fois) ; que notre Société de Laumone et de la Bezocherie serait résiliée selon le droit et la justice en ma faveur, ou contre le droit et la justice à son profit ; mais que, dans ce cas, j'exigerais de lui la déclaration que je lui avais soumise, qu'il avait eue entre les mains, qui consacrerait sa mauvaise foi et son infamie, et qui était présentement chez M. Hillairet. Sa réponse ne se fit pas attendre : il acceptait tout avec empressement, même la dissolution de notre communauté, dans le sens de son déshonneur et de son intérêt, promettant de signer la déclaration, avec cette timide observation cependant qu'il eût désiré quelle fût un peu plus claire, comme si elle pouvait l'être davantage ! (*voir* aux pièces cette déclaration curieuse ; *voir* aussi la lettre de M. Hillairet, du 9 juillet, qui transcrit les termes de celle de M. Delor). Cependant l'affaire eut une solution différente, mais M. Delor ne peut en revendiquer le mérite ; tout l'odieux doit lui en rester, car elle eut lieu bien malgré lui (*voir* la preuve aux pièces). Nous convînmes donc, après coup, de régler cette dissolution de notre communauté selon le droit ; mais, grâce à mon trop de confiance et à ma trop grande facilité, M. Delor trouva moyen, comme on dit, de mettre le bon bout de son côté, de manger la cerise et de m'en jeter le noyau (*voir* aux pièces la comédie de l'estimation et du tirage au sort dans le bonnet blanc de Jean Testé).

C'était un bon commencement, la fortune lui souriait, et, croyant n'avoir plus besoin de feindre, il se hâta de jeter sa défroque d'agneau aux orties et de reprendre son ancienne peau. De timide et de suppliant qu'il était, il devint tout à coup provocateur et insolent. M. Hillairet lui avait envoyé sur papier libre ses conventions, qu'il avait approuvées. Le temps de les accepter était passé : fi donc ! elles ne sentaient plus bon, et, prenant sa plume, il modifia, effaça, changea, ratura, surchargea, réserva et protesta ; il voulait que la rédaction réfléchît son image, et, pour que la ressemblance fût parfaite, comme l'injure y manquait, il la mit à la fin et écrivit en toutes lettres que le notaire rédacteur était un menteur. Celui-ci, en homme sage, ne s'en offensa pas : il reçut l'injure comme venant d'un fou inconscient de ce qu'il faisait et de ce qu'il disait; il m'envoya le tout en me demandant mon avis. Mon avis était que M. Delor était un grossier et un insolent ; qu'un tel acte était inutile, puisque tout ce qu'il réglait se trouvait détruit par les réserves exprimées. Ma réponse fut que je le signerais néanmoins, le considérant comme pouvant, au besoin, prouver authentiquement l'aberration d'esprit de M. Delor, son ingratitude et ses perfidies. Après l'avoir mis sur timbre, il fallut encore le retoucher ; puis vint enfin le jour, le grand jour de la signature. M. Delor, pâle comme un mort, était tout tremblant : il se figurait avoir toujours sa femme en culottes derrière lui ; il craignait toujours de se compromettre et d'oublier de tendre tous ses piéges. Par trois fois, M. Hillairet fut obligé de faire le chemin de la Tourlandrie à Lhorté pour modifier et ajouter. Au dernier moment, M. Delor voulait encore faire insérer des mensonges, des monstruosités : le notaire s'y refusa ; enfin je crus pouvoir signer, mais on m'arrêta, une dernière exigence se produisait : on voulait me faire protester contre les dispositions de mon père et contre moi-même. J'envoyai promener de nouveau mon cosignataire. Forcé de protester tout seul, il le fit, mais son impie protestation lui coûtera bon, il la paiera 26,000 fr. Ce sera le dénouement de la pièce, le commencement de la réparation, et c'est ce que nous demandons.

Depuis, la crise a toujours continué, et elle continue encore. Ce que femme veut, mari doit le vouloir. M. Delor dresse toujours ses batteries et sonne toujours la charge contre moi. Jusqu'à présent, ses exploits se bornent à hurler après moi, à fourrager sur mes terres, à me prendre paille et avoine, meubles, volailles et laine : tout ceci c'est misère, peccadille, ce n'est rien ; mais ce qui est bien plus grave, c'est que, forcé de renoncer aux réserves qu'il avait formulées avec tant de fanfaronnade dans les actes, il ne l'a fait qu'en outrageant la mémoire de sa bonne maman et qu'en poussant un dernier rugissement contre moi (*voir* aux pièces son désistement et sa dernière lettre à un étranger contre moi).

Poitiers. — Typ. de A. Dupré.

www.ingramcontent.com/pod-product-compliance
Lightning Source LLC
Chambersburg PA
CBHW060503050426
42451CB00009B/794